항아리

국립중앙도서관 출판시도서목록(CIP)

항아리 / 지은이: 박희진. -- 양평군 : 시인생각, 2013
  p. ;   cm. -- (한국대표명시선100)

ISBN 978-89-98047-63-4 03810 : ₩6000

"박희진 연보" 수록
한국 현대시[韓國 現代詩]

811.62-KDC5
895.714-DDC21   CIP2013011866

한 국 대 표
명　시　선
1　0　0

박 희 진

항아리

시인생각

■ 시인의 말

시인의 최신작 4행시 2수

인간 악기

입으로 먹은 하늘 땅의 에너지가 정수리로 뻗치면
영감의 번개 되고 항문으로 뻗치면 황금똥 된다.
정수리에서 항문까지 환히 빛길이 뚫리면
인간 악기에선 영묘무비의 백금소리 나나니.

신들리게 되면……

신들리게 되면 시인은 꿰뚫린다. 빛의 폭포로
정수리에서 발끝까지, 신으로 꿰뚫린다.
칼날을 밟아도 불 속에 들어가도 눈 깜짝 않는다.
마침내 시인은 방광放光하며 아주 완미한 시를 낳는다.

2013년 6월 2일

박 희 진

■ 차 례 ──────────── 항아리

시인의 말

1

허虛　13
시들지 않는 꽃　14
달빛이녹아호수는달빛되다　16
연인들과 꽃다발　17
혀　18
빈 술잔의 노래　20
손　21
북한산 진달래　24
잠을 기리는 노래　26

한국대표명시선100 박희진

2

고사관수운高士觀水韻   31
소림명월운疏林明月韻   32
몽고 시인 차깐   33
폭포 선비 노송 —이인상李麟祥의
　　송하관폭도松下觀瀑圖   36
진달래 정토길   38
십장생신명가   39
십장생 환상 3   40
추일영가秋日靈歌   41
나의 아들은   42
지상의 소나무는   44

3

방 안드레아 신부　47
나의 애인　54
서산대사西山大師 다시茶詩에 부쳐　53
폭포　54
김삿갓을 구원한 것은　56
백두산 하늘못　60
항아리　62
히말라야 정상에서　64

4

검을 현玄 단장斷章　69

백자 큰 항아리　72

탐라의 길　77

청자상감모란운학문靑瓷象嵌牡丹雲鶴文 베개　80

청자동자상靑磁童子像 이모저모　84

산화가散花歌 ―부처님 오신 날에　88

소광리 소나무 숲　90

청동시대　92

강송剛松 찬미　94

5

쌍계사 가는 길　99
스핑크스의 말　100
파르테논 신전　102
고야 '옷 벗은 마하' —프라도 미술관에서　105
플라멩코　106
황산송 黃山頌　108
부다가야 대탑 大塔　110
돔의 미학　114
한 방울의 만남　112

박희진 연보　115

1

허虛

밤이 되어 찬란한 보석들이 어둔 하늘을 수놓을 때엔 배가 고파도 견딜 수 있어라 실상 이렇게 유리와 같은 가슴의 벽을 넘나드는 투명한 슬픔은 내 아무런 생生에의 집착을 지니지 않음이니 아 이대로 돌사람처럼 꽃다운 하늘 아래 단좌하여 허虛할 수 있음이여 나는 아노니 이윽고 내 야기夜氣에 젖어 차디찬 입가엔 그 은밀한 얇은 파문이 새겨질 것을

시들지 않는 꽃

1

미美는 언제나
영혼의 거울인 눈앞에 있다.
산다는 것은 보는 기술을 배우는 것이다.
안 보는 사람에게 꽃은 없는 것.

2

물은 물속으로
흘러서 끝이 없다.
돌은 돌을 보고, 나무는 나무끼리,
흙은 흙으로 더불어 말이 없다. 언제나 있다.
오직 말 많은 사람들만이
이렇게 연약하다.
살기도 전에 균열이 진다.
죽기도 전에 드러난 해골에
구린 남루의 살을 걸치고 아우성친다.
그 중 묵묵히 고뇌를 견디는 소수의 사람만이
물건을 낳는다 그들의 일하는
손가락 끝에서. 하늘에 솟는 탑,

병, 항아리, 복숭아 연적 따위.
아름다운 것은
언제나 있다.

   3

시인은 보는 사람
모든 것을, 넋 속의 죽음, 죽음 속의 넋까지도.
음악을 듣는 귀엔 고요가 들리듯이
나무를 보는 시인의 눈엔
땅속의 뿌리가 보이는 것이다
바위까지도 꿰뚫고 뻗는.

그러나 뿌리는 안 보이는 땅속에
깊이 묻혀 있어야 한다
줄기가 억세고 그 꽃이 탐스럽기 위해서는.
고뇌의 보람은 언제나 꽃,
꽃만이 아름답다.

달빛이녹아호수는달빛되다

달빛이녹아호수는달빛되다
달빛이스며소녀가홀로탄나룻배도달빛되다
뼈아픈실연의상처를달래면서
밤이이슥도록눈감고앉아달빛을숨쉬어서
소녀의한숨도내장도달빛되고
긴속눈썹도속눈썹끝에맺힌이슬도달빛되고
가슴의무수한낱낱의모래까지
갈잎도갈잎속벌레의울음까지
일체가달빛이라보여도안보이는것이나같네
들려도안들리는것이나같네
달빛이소녀인지소녀가달빛인지
소리가고요인지고요가소리인지

연인들과 꽃다발

샤갈의 보랏빛 연인들이 포옹하자
키는 순식간에 자라고 자라나서
짙은 군청색 하늘에 닿았네
그러자 지붕들과 교회의 첨탑 위로
이름도 모를 희고 붉은 빛의
거대한 꽃다발이 하늘에 솟아
마을을 덮었네 향기로 채웠네
고요와 평화와 안식에 잠긴 그 곳
길 가에 잠자던 나귀는 놀라운 듯
큰 눈을 뜨고 두 귀를 세웠건만
저절로 지붕 위의 비오롱은 울렸건만
아무도 몰랐다네 그 때 하늘에는
꽃다발 곁의 연인들을 축복하는
흰 천사가 날고 있었음을

혀

진흙의 혀, 모래알 혀,
건조의 혀, 불길을 뿜는 혀,
석유의 혀, 가위로 잘린 혀,
제비의 혀, 참새의 혀,
수다스런 혀, 여우의 혀,
2중, 3중, 5중의 혀,
물개의 혀, 피비린내의 혀,
호랑이의 혀, 사자의 혀,
가시 돋친 혀, 늑대의 혀,
길게 늘어뜨린 오뉴월 개의 혀,
그녀의 음모를 핥고 있는 고양이 혀,
흑인의 혀, 백인의 혀,
꿀물이 드는 혀, 아이스크림의 혀,
혀를 먹는 혀, 기름에 튀긴 혀,
달팽이의 혀, 독사의 혀,
찰거머리 혀, 해골을 빠는 혀,
생生의 뿌리를 발기케 하는 혀,
곰팡이의 혀, 반쯤 썩은 혀,
구멍 뚫린 혀, 유황내 나는 혀,
털이 난 혀, 끈적끈적한 정액이 묻은,

솜사탕의 혀, 물거품 혀,
재로 사윈 혀, 연기의 혀,
금석보다도 오히려 단단한 혀,
죽어도 썩지 않은 혜현惠現의 혀,
홍보석의 혀, 일편단심의 혀,
고요의 뿌리인 산호의 혀,
성자의 혀, 이끼 낀 바위틈의 물맛이 나는,
구름의 혀, 영아의 혀,
시인의 혀, 찬미의 혀,
장미의 혀, 연꽃의 혀,
빛을 뿜는 혀, 보살의 혀,
본래면목의 혀, 이슬의 혀,
불타의 혀, 일체의 말을 고요로 바꾼,
흐르는 물의 혀, 노자의 혀,
예수의 혀, 영혼에 불을 놓는,
해의 혀, 달의 혀,

빈 술잔의 노래

혼자 사는 여자가
혼자 사는 남자에게
술잔을 보냈다
순박한 백자白磁의

남자는 손을 씻고
정좌하여
그 부드러운
살결을 만지니

빈 잔 가득히
어렸던 공기
저절로 녹아
투명한 미주美酒되다

남자는 그때사
깨닫고 끄덕인다
여자는 결코 빈 술잔을
보낸 게 아니란 걸

손

밥을 먹는 손, 항문을 닦는 손,
염주를 더듬는 손,
자궁 속 태아를 긁어내는 갈고랑이 손,
촛불을 켜는 손, 어둠을 쫓는 손,
잔뜩 성난 남근을 움켜쥔 손,
백옥의 손, 대리석의 손,
소나무 껍데기 손, 버섯이 돋은 손,
꿈꾸는 손, 칠색 무지개를 그리는 손,
수술 가위를 뱃속에 떨군 채
뱃가죽을 꿰매는 손, 화석이 된 손,
거지의 손, 교황이 친구親口한 손,
지문이 없는 손, 기계에 절단된 손,
장미의 손, 영아의 고사리 손,
시를 쓰는 손, 구름을 잡는 손,
만지면 모든 것이 황금이 되는 손,
꽃도 거울도 아내의 아랫배도,
할 수 없이 되면 기도하는 손,
언어와 침묵을 일치시키는 손,
물건을 슬쩍하지 않고서는 신명이 안 나는 손,
쇠고랑이 채워져야 차분해지는 손,

신비의 손, 영감이 불붙는 손,
바다를 갈라서 통로를 내는 손,
잔인무도한 손, 예리한 칼로 시체를 토막 내는,
헬렌 켈러의 손, 보고, 느끼고, 말도 하는,
축 늘어진 손, 기능이 마비된 손,
검푸른 정맥만이 드러나 있는 손,
부활의 손, 죽은 이를 되살리는,
치유의 손, 앉은뱅이를 일어나 걷게 하는,
도시를 일순에 폐허로 만드는 손,
악마의 손, 단추를 누르는 손,
모나리자의 손, 천수관음의 손,
안중근의 손, 혈서를 쓰는 손,
부패를 재촉하는 무덤 속 구더기 손,
티끌의 손, 골회를 뿌리는 손,
스스로의 심장에다 방아쇠를 당기는 손,
문둥이의 손, 슬픈 천형의 손,
속죄의 손, 눈물을 흘리는 손,
달의 처녀막을 찢은 우주인의 손,
불의 손, 얼음의 손,
찬미의 손, 박수갈채의 손,

평화의 손, 대지를 초록의 노래로 덮는,
늘 일하는 손, 부지런한 손,
로댕의 손, 루빈스타인의 손,
농부의 손, 불구부정不垢不淨의 손,
좌선을 하는 손, 피를 맑게 하는,
신선의 손, 무심의 피리를 불고 있는,
천사의 손, 비둘기 날갯짓 소리가 나는,
애무의 손, 자갈밭도 부드러운 융단이게 하는,
사랑의 손, 둘을 하나로 불타게 하는,
무시무종의 손, 보이지 않는 손,
시공이 끊어진 자리에 있기에,
궁극의 부처님 손, 그 위에 삼천대천
세계가 놓인, 흰 연꽃의 손,
무량광명의 손,

북한산 진달래

요즘 북한산은 연일 홍조를 띠고 있어라.
기슭에서 정상까지 새봄의 꽃불 잔치,
진달래 꽃불 잔치, 진달래 능선 타고
올라가는 이 몸 또한 벌겋게 물들밖에.
한 발 가도 진달래요 두 발 가도 진달래라
들이쉬고 내쉬는 숨결도 진달래빛.

진달래에 취하니 김소월이 생각나네.
영변의 약산 진달래꽃도 가신 님 그리워서
지금쯤 바르르 떨고 있으리.
아아 김소월, 우리 시의 원고향을
지키는 수호자여. 님의 시로 말미암아
이 땅의 진달래는 불멸의 꽃이어라.

만지면 으깨질 듯 여리디여린 꽃이
모진 바람에도 질 줄을 모르나니,
반만 년 역사 뚫고 살려는 겨레의
의지가 승화된 꽃, 겨레 혼의 꽃이어라.
어찌 북한산 진달래뿐이랴. 방방곡곡에
지금 이 땅은 활활 타오르는 신생의 목숨 잔치.

저 벼랑에 한 무더기 불 밝힌 진달래 보소.
저녁 햇살 받고 진달래꽃 속 분홍빛 초에
일제히 불이 환히 켜진 거요. 지상에서는
가장 순수하고 투명한 불이. 옛날 신라의
순박한 노인이 수로부인에게 바치기 위해
벼랑에 올라가 꺾었던 꽃도 꼭 저러하였으리.

진달래 고운 불, 북한산 홍조가 가시기 전에
이 몸도 오늘은 한껏 진달래에 취하고 싶어라.
해가 떠서 질 때까지 진달래 동산에서
진달래 화전에 진달래 술 마시고
진달래빛 알몸춤을 덩실덩실 추어 볼까.
아아 타올라라, 진달래 혼불이여, 좀 더 황홀히.

잠을 기리는 노래

I

금이 간 두개골에 달빛이 스민
미친 사람도 잠이 들면야 어둠에 싸인
핼쑥한 박꽃처럼 보이기도 하나니. 무간지옥에나
떨어질 도적도 저 참호 속 주검을 파먹는
두더지 병사들도 눈이 감기면야 잠든 얼굴에
죄는 없어라. 어느 조화의 손길이었더뇨.
이 가련한 눈도 귀도 없는 흙덩이 안에
그 태초의 숨결을 불어넣으신 것은.

II

천리안도 자기의 잠든 얼굴은 못 보나니.
잠든 얼굴의 신묘함은 때로 죽음을 생각하게
하누나. 진정 사람들은 때로 얼마나 잠들 듯이
죽기를 원하였더뇨. 그 본연의 흙덩이로
돌아가도록 점지 받았기에 참고 살아가는
어진 목숨에게 잠이란 즐거운 죽음의 연습이리,
밤마다 주어지는. 이슬을 털고 꽃잎이 벌어지듯
새벽이면 열리는 그 무구한 눈망울을 위하여.

Ⅲ

그 무엇이 탐스런 것이뇨. 그것을 위해선
침식을 잊고 목숨조차 돌보지 않는. 그래도
지구는 돌고 있다는 엄연한 참이뇨. 의義를
위해선 독배도 사양 않는 지극한 착함이뇨.
아름다움이뇨, 그 기막힘에 눈물을 솟게 하는.
하지만 사람은 오직 순수한 지속만으로는 살 수가
없나니. 높은 산정에 올라간 사람은 내려오게
마련이라. 마음은 간절하되 육신이 약함이여.

Ⅳ

핏발진 눈을 부릅뜨고도 조는 초병에겐
총탄의 위협도 잠의 유혹을 물리치긴 어렵거늘,
가장 무서운 고문은 잠을 못 자게
앉도 서도 못 하는 틀 속에 사람을 가두어 두는 것.
어느 지독한 목숨이 이런 고통을 견뎌내랴.
잠을 못 자면 미치거나 죽겠기에, 피곤한 사람에겐
잠이 약이어라. 진정 마음 놓고 곯아떨어진
사람을 보면 절로 부러워지기도 하나니.

V

오라 잠이여, 목숨의 자양이여. 한껏 부드러이
씨거운 살의 목마름을 풀어주곤 어둠과 함께
사라지는 감로수. 너를 마셔야 피가 잘 돌아
슬픈 연인들이 얼싸안은 팔다리엔 진한 모란의
향기가 흐르고. 아기들은 자라나니 너의 품속에서,
밤에 자라나는 식물들처럼. 또 새우등의 늙은이에겐
백발을 하나 더 늘게도 하나, 미래를 점치는
슬기의 꿈을 베풀기도 하는 너, 잠이여, 오라.

2

고사관수운 高士觀水韻

검은 바위 속엔 선비의 고요가
선비의 가슴 속엔 바위의 고요가
번지어 가고 번지어 들어와서
하나로 화하여서
있는 건 조화調和일 뿐
부드러움일 뿐
바위도 초목도
선비의 수염도 흐르는 물도
하나의 맑음일 뿐
수묵빛일 뿐

소림명월운 疏林明月韻

숲으로 갈까나
잎 떨군 나목의 숲으로 갈까나
성긴 나뭇가지 사이
어느새 둥두렷이
달 떠오르는
신운神韻이 감도는
숲으로 갈까나
홀로 어슬렁 숲으로 갈까나
흰 무명바지에 동저고릿바람으로
고대의 기분으로
오솔길의 맑은 고요를 누비다가
선구禪句나 생각다가
달빛 받아 숨 쉬는 바위 위에
푸른 이끼 위에
호젓이 앉으리니
무미無味를 맛보리니
숲으로 갈까나
잎 떨군 나목의 숲으로 갈까나
달 떠오르는
신운이 감도는

몽고 시인 차깐

1991년 7월 27일
북경 경륜京倫 호텔에서
세계민족문학발전을 위한 국제 학술회의
전야제가 있었음.
몽고 시인 차깐은 그때 내가
만났던 사람임.
처음엔 한두 차례
필담으로 의사를 소통했음.
그는 달필인데다
한문에 능했으나,
나의 실력으론 가려운 발을
구두를 신은 채 긁는 격이었음.
통역을 사이 두고
다시 두세 차례
선문선답禪問禪答 같은
시관詩觀을 피력했음.
하지만 그게 다 무슨 소용이랴.
마음과 마음이 통했을 바엔.
좋은 시엔 동서고금이 없듯이
좋은 시인끼린

한 가닥 미소와 악수만으로도,
아니 그냥 무심히
상대방 분위기를 살피는 것만으로도
족한 게 아닐까.
우리는 잠시
휘황한 불빛 아래
마이크 잡고 노래하고 춤추는
시인들을 보았음.
이윽고 나는
차깐의 침묵에서
그의 깨어 있는 고독을 느꼈음.
불현 듯 무제한의, 우주로 통하는,
광막한 초원의 바람이 불어왔음.
그 바람에선
이름 모를 들꽃과
밤하늘 별들의 향기가 났거니와
아울러 신나는 날라리 소리 함께
요란한 말발굽 소리도 들렸음.
나는 이해했음
차깐은 초원의 들꽃 같은 시인임을.

그러면서도
저 밤하늘 북극성의 높이에서
고금을 관조하며,
삶의 진수를 읊조리는 시인임을.
속속들이 스미는 풀잎의 목청으로
바람과 이슬과 별빛에 젖어가며.

폭포 선비 노송
— 이인상李麟祥의 송하관폭도松下觀瀑圖

선비는 오늘도
노송 아래 암반 위에 홀로 앉아 있다.
하늘에서 떨어지는 폭포를 바라보며
그 굉음에 넋을 잃은 채.

폭포 아래 깊은 소는
기절할 듯이 하얗게 환장하며
쏟아지는 폭포의 무한 지속 사정射精에도
아랑곳없이 태연자약하다.
겨우 둘레에 물보라나 일게 할 뿐.

이러한 광경이 노송은 너무 좋아
짙푸른 소의 수면에 닿으려고
온몸을 구부렸고, 낏낏한 솔잎 달린
몇몇 가지를 아래로 길게 늘어뜨렸다.
그 바람에 바위 속의 뿌리도 일부
드러날 만큼. 선비는 아는 걸까.
노송의 이런 목숨을 걸고 하는
찬미의 춤사위를.

선비는 오늘도
노송 아래 암반 위에 홀로 앉아 있다.
하늘에서 떨어지는 폭포를 바라보며
그 굉음에 넋을 잃은 채.
선비는 이제 폭포와 하나다
아무것도 안 보이고
아무것도 안 들리는.

진달래 정토길

이곳에서 서쪽으로 십만억 국토 지나야 극락이죠.
하지만 대뜸 갈 수 있는 지름길을 알았어요.
당신도 가려거든 먼저 심신을 탈락시키세요.
진달래 보면 진달래 되는 방법을 익히세요.

그 진달래 정토 길엔 진달래가 무진무진
피어 있습니다. 꽃송이가 십만억 개는 됩니다.
꽃송이마다 하나씩 찬란한 국토가 들어 있죠.
송이송이 빛뿜는 분홍빛 국토의 이름은 황홀,

또는 고요, 자비, 평화, 청정, 부드러움……
어디서인가 오색이 선연한 수꿩이 한 마리
날아오기도 하고, 옴마니반메훔 진언이 들리는데,

오, 저만치 연꽃자리 위엔 꿈처럼 앉아 계신
아미타불이 미소를 흘리시죠. 진달래빛 방광放光으로
삼천대천세계를 밝히시죠. 환히, 구석구석.

십장생신명가

우주의 중심에 소나무가 있나니.
해와 달을 번갈아 떠올리며 노나니.
비바람 눈서리로 목욕을 하나니.
바닷물은 발치에 찰랑이게 하나니.
산들은 목을 빼어 엿보게 하나니.
때로 심심하면 학을 부르나니.
신명나게 거문고 가락을 타나니.
학은 가락 따라 무애춤 추나니.
흰 구름도 모여들어 어우러지나니.
대나무도 우줄우줄 어깻짓하나니.
바위도 덩달아 흥이 이나니.
불로초도 가만가만 발돋움하나니.
폭포는 쉴 새 없이 떨어져 흐르나니.
바다에선 거북이가 기어 나오나니.
산에선 사슴이 뛰어 나오나니.
무르익은 천도天桃가 툭 떨어지나니.
우주의 중심에 소나무가 있나니.

십장생 환상 3

십장생은 상호 간에 사이가 없다
사슴이 바위산을 거뜬히 투과한다
거북이 내뿜는 보랏빛 입김이
붉은 해를 말랑말랑하게 한다
대나무는 순식간에 자라고 자라서
하늘을 찌른다 그러면 은하수는
지상으로 떨어지며 폭포를 이룬다
낏낏한 솔잎들은 햇살 중의 햇살인
금싸락 받아 서기 생동한다
감로 머금은 불로초들은 발돋움한 채
홍조를 띠고 날 좀 보소 한다
핼쑥한 달이 불로초에 입맞추자
금세 원기 회복하여 밝게 빛난다
어디서인가 무르익은 천도天桃가 툭 떨어진다
사슴이 날름 그것을 먹으니
노란 털가죽이 백설 빛 되네
그때 흰 학의 외줄기 울음이
구천에 사무친다 장락무극長樂無極의
환희가 자아낸 절정의 무한 선율
십장생은 상호 간에 사이가 없다
따로따로이면서도 하나로 꿰어 있다

추일영가 秋日靈歌

오늘은 아주 길하디길한 날,
구름 한 점 없는 날,
청정한 날이로세.
동쪽의 해와 서쪽의 달이
마주 바라보며 웃는 날이로세.
파아란 하늘 아래
산은 홍록의 자태를 드러내고,
계곡물엔 티 하나 근접을 못하는 날,
사람들이 저마다
거울 속처럼 환히 드러나는
영혼을 서로 비춰보는 날이로세.
아아, 더없이 아름다운 날이로세.
찬미할진저, 찬미할진저.
천지만물이 시간 속에 있으면서
그냥 그대로,
영원의 모습으로 빛나고 있음이여!
해도 오너라, 달도 오너라.
사슴도 거북도 학도 오너라.
대나무도 소나무도 바위도 오너라.
우리 모두 손잡고, 춤추며, 노래하세.
이 좋은 날,
더없이 아름답고, 더없이 화락한,
빛뿜는 날을.

나의 아들은

나의 아들은 바람의 근원이다.
나의 아들은 달빛 위에 올라 결가부좌한다.
나의 아들은 축지법을 쓴다. 발자국을 안 남긴다.
나의 아들은 유계를 넘나들며
        예사로 노자老子의 수염을 만진다.
나의 아들의 손바닥엔 은하수가 흐른다.
나의 아들은 산상으로 타오르는 불이다.
나의 아들의 방뇨는 그대로 폭포가 된다.
나의 아들이 통곡하면 하늘이 무너진다.
나의 아들은 손가락 끝에서 무지개를 뿜는다.
나의 아들 가슴 속엔 여의주가 들어 있다.
나의 아들의 눈빛은 사람을 살고 싶게 한다.
나의 아들의 주식은 이슬과 은행과 호도다.
나의 아들은 어린이들을 제일로 좋아한다.
        지상의 꽃보다도, 하늘의 별보다도.
나의 아들이 앉았던 바위에선 불로초가 돋는다.
나의 아들은 별들을 꿰어 목걸이를 만든다.
나의 아들의 술벗은 이태백李太白과 김단원金檀園이다.
나의 아들은 곧잘 풀잎 속에 들어가 숨는다.
나의 아들의 손길이 닿으면 사나운 말도 유순해진다.
나의 아들의 옷은 천의무봉이다.
나의 아들은 장밋빛 발바닥을 가지고 있다.

바다 위를 걸어도 젖는 법이 없다.
나의 아들이 악기를 타면 호랑이도 눈물을 흘린다.
나의 아들은 신비의 열쇠인 북두칠성으로
      또 하나 다른 우주를 여닫는다.
나의 아들은 용광로 속에서도 태연히 잠을 잔다.
나의 아들의 손톱은 귀갑龜甲이다.
나의 아들은 용의 생식기를 가지고 있다.
나의 아들은 지상의 여인과는 동침을 안 한다.
나의 아들의 그림자는 은은한 물빛이다.
나의 아들의 둘레엔 언제나 라일락 꽃내음이 감돌고 있다.
나의 아들은 자면서도 곧잘 미소를 짓는다.
나의 아들은 황금의 목청을 지니고 있다.
나의 아들의 노래를 듣는 이는
      누구나 다 동심으로 돌아간다.
나의 아들은 어떠한 벽도 거뜬히 투과한다.
나의 아들 안에서는 천국과 지옥이 하나로 되어 있다.
나의 아들의 시선은 빛보다도 신속하다.
나의 아들에겐 국경과 인종도 장벽이 못된다.
나의 아들의 언어는 사랑이다.
나의 아들의 마음은 시공時空이 끊어진 자리에 있기에
    염증을 모른다.
나의 아들은 구원의 청춘이다.

지상의 소나무는

지상의 소나무는 하늘로 뻗어가고
하늘의 소나무는 지상으로 뻗어와서
서로 얼싸안고 하나를 이루는 곳
그윽한 향기 인다 신묘한 소리 난다

지상의 물은 하늘로 흘러가고
하늘의 물은 지상으로 흘러와서
서로 얼싸안고 하나를 이루는 곳
무지개 선다 영생의 무지개가

지상의 바람은 하늘로 불어가고
하늘의 바람은 지상으로 불어와서
서로 얼싸안고 하나를 이루는 곳
해가 씻기운다 이글이글 타오른다

3

방 안드레아 신부

I

그분의 용모엔 무량의 고요가 깃들어 있다
백발은 성성해도 영아의 무구함이
주름살은 그대로 늘 입가에 미소로 감돌고
그분이 소리 내어 웃는 일은 없다

그분의 말씀은 침묵의 향기라
듣는 이들은 온몸 온맘으로
꿀벌이 알몸을 꽃 속에 비벼대듯
그분의 말씀에 어느덧 도취한다

그분은 자면서도 강복을 받는다
늘 양심불을 밝히고 있으므로
언제 어디서나 천주와의 일치 속에

그분은 누린다 황금의 시간을
이승에 살면서도 그분은 바람처럼
에덴을 넘나들며 나날이 침묵의 열매를 거둔다

II

오오 그분에겐 나날이 새로워라
타다 남은 어제의 재도 없거니와
다가올 내일의 그늘도 지지 않는
영원한 핵심 속에 사는 그분이라

늘 새롭게 샘솟는 부드러움
그분의 있음이여 목마른 영혼에겐
물처럼 흘러들고 캄캄한 영혼에겐
촛불처럼 켜지어서 어둠을 비추네

그분이 그리워 우리가 모여들면
번번이 처음으로 맞이해 주듯
손을 내미시는 그분의 따사로움

이윽고 시간 속에 사는 우리기에
자리를 일어서면 또한 처음으로
작별하듯 우리를 좇는 그분의 눈빛

III

때로 나는 혼자서 생각한다
그분의 새로움을 사람의 자로써는
헤아릴 수가 없을 것이라고
필시 신만이 아실 것이라고

누가 그분의 가난을 짐작하랴
그 순결한 마음의 가난 늘 비어 있어
신만이 채우시는 그릇의 깊이를
그분도 자신은 전혀 모르시리

신락*에 넘쳐 그분이 노래하면
새들도 모여들어 우짖지 않고
구름도 창가에 기대어 엿듣누나

영혼이 귀천하는 이승에서의
마지막 순간에도 그분은 찬미하리
천상의 향기와 광채에 싸여

*) 神樂, 가톨릭 용어로서 초성적인 기쁨을 뜻함.

IV

죽고 죽어 산 채로 죽어
더는 죽을 것이 없어진 그분
일체의 분심 잡념이 없어지면
사람은 때로 안 보이게 되는지도 모르겠다

공기가 안 보이듯 정령이 안 보이듯
그러다가도 홀연히 눈앞에 길이 트이듯
햇빛 받고 바람에 살랑대는
나뭇잎 반짝이듯 그분은 나타난다

하루는 그분이 졸지에 쓰러졌다
아주 납작하게 시멘트 복도 위에
우리를 보고 반색을 하시다가

그분은 전혀 다치지 않았거니
빛보다도 빠르게 천사가 날아와서
투명한 융단을 바닥에 깔았기에

V

믿음이 없는 시대에 사는 무리
대낮의 어둠 속에 헤매는 무리
서로 부딪치며 물고 뜯고
피 흘릴 밖엔 없는 카인의 후예들

눈이 있어도 보이지 않고
귀가 있어도 들리지 않는구나
저마다 가슴 속의 불길이 꺼졌기에
악마의 꼭두각시 손을 닮았구나

우리도 그분을 만나지 못했다면
마침내 몸에서 썩은 내 풍기고
검은 추깃물이 흘렀을 것을

만남의 고마움 그것은 기적이다
그분이 우리 눈동자에 들어오면
가슴엔 고요 차고 고요는 불길 된다

나의 애인

나의 애인은 말이 없습니다.
나의 애인은 공기의 혀와
　　안개의 살을 가지고 있습니다.
나의 애인은 이 몸이 아파야
　　홀연 바람처럼 나타납니다.
나의 애인의 별빛 눈동자를
　　본 이는 세상에 나밖에 없습니다.
나의 애인은 껴안을수록
　　아주 속절없이 사라져 버립니다.
나의 애인이 가장 아름답게 빛나는 때는
　　내가 홀로 이만치 서서
　　바라볼 때입니다.
나의 애인의 목소리를 꼭 한 번
　　들은 적이 있습니다. 그것은 이끼 낀
　　돌 틈을 흐르는 물소리 같았어요.
나의 애인은 때로 한낱
　　미미한 향기에 지나지 않습니다.

서산대사西山大師 다시茶詩에 부처

晝來一椀茶주래일완다   낮에는 차 한 잔
夜來一場睡야래일장수   밤에는 잠 한 숨
靑山與白雲청산여백운   푸른 산과 흰 구름
共說無生死공설무생사   함께 무생사를 말하네

차 한 잔 있기에 낮은 좋아라
잠 한 숨 있기에 밤은 좋아라
하루 온종일 나쁜 때가 없구나
알찬 나날은 염주알 굴러가듯

저 푸른 산과 흰 구름을 보아라
참으로 무심히 더불어 어울리며
말 없는 가운데 진리를 말하누나

산은 산이요 구름은 구름이되
산과 구름은 둘이 아님
나고 죽음은 본시 없는 것임

폭포

1

하늘에서 지상으로
쏟아지는 한 줄기 영원을 보라.

그대의 눈으로 영원이 들어와서
그대 또한 영원의 물기둥이 되려거든.

2

아아! 하고 한 번쯤
크게 소리쳐라.
피와 살의 굴레를 깨고
바로 탈혼脫魂의 신생이 이룩되게.

3

처음도 끝도 없는
무시간無時間이란 이러한 것이라고,
지칠 줄 모르는 새로운 충족만이
거듭될 뿐이라고,

4

폭포는 다만 증거할 따름.
폭포는 다만 존재할 따름.

5
인간이 자고로 심산을 찾아
폭포를 바라보는 이유를 폭포는
알지 못하지만,
삶에 지친 이여,
그대는 필히 알아야 할 것일세.

6
홀연 경이의
큰 눈을 뜨기 위해,
순백의 염념상속念念相續을 보기 위해,
일상의 고달픔을
까마득하게 여의기 위해,
심신이 탈락해서
본래청정本來淸淨을 되찾기 위해,
말을 잊기 위해,
생명의 근원은
새삼 물임을 깨닫기 위해,
뇌성벽력의 침묵을 듣기 위해,
시공을 벗어나서
하나가 되기 위해,

김삿갓을 구원한 것은

김삿갓을 구원한 것은 나그네 길이었다.
  한 발 가면 산이 섰고
  두 발 가면 물이 솰솰
  흐르는 자연, 꽃 피고 새 우는 길.
  꿀보다 단 이 땅의 대기였다.
  해돋이와 해넘이의 찬란한 눈부심,
  그 장엄 속 숨 쉬는 고요였다.
  생멸이 자재로운
  하이얀 구름에 눈 맞추는 일이었다.
  송사리들 헤엄치는
  찬 냇물에 발 담그는 일이었다.
  보이지 않게 공중을 떠 흐르는
  매향의 강물 소리를 듣고
  다시 발길을 재촉하는 일이었다.
  닳고 닳아 수없이 버려진
  짚신들은 알지 몰라
  그가 얼마나 홀로 걷는 길,
  나그네 길을 사랑했는가를.

김삿갓을 구원한 것은 한 잔의 술이었다.
  쌓인 피로와 울적을 일시에
  가시게 하는 막걸리 맛이었다.
  친절한 주모의 따듯한 눈짓.
  솔솔 불어오는 일모의 바람.
  찌든 오장은 생기를 되찾고
  얼굴의 주름살들 어느덧 지워지는
  막걸리 두 사발엔
  시흥이 일곤 했다.

김삿갓을 구원한 것은 시 쓰는 일이었다.
  도사가 귀신들을 마음껏 부리듯
  또는 장군이 졸들을 길들이듯
  그는 말들을 철저히 조련했다.
  하여 시를 통해 자유를 누렸다.
  희대의 재능과 문장을 지녔지만
  신분상승의 기회를 박탈당한,
  오직 숨어서 평생을 살아야 할
  운명의 기구함이 시로 승화했다.
  해학과 풍자가 일세를 풍미했다.

하지만 때로는 어쩔 수 없이
가슴 짓누르는 무거운 비애,
숙명의 그림자,
아무리 팔도강산을 누빈대도
빠져나갈 길이 없는 지평선처럼
가슴 조여오는 한에 사무쳐서
신세타령에 빠지기도 하였거니.

김삿갓을 구원한 것은 자연과의 친화였다.
오직 자연만이
무차별 무분별의 절대평등으로
뭇 인간들을 대해주는 것이었다.
아니 인간들이
얼마만큼 아집과 탐욕을 버리느냐
얼마만큼 애증의 굴레를 벗어나서
맑은 거울처럼 마음을 비우느냐
거기에 따라서
자연은 시시각각 경이로 다가왔다.
기적이 아닌 현상이 없었다.
자연의 품속에서 그는 어쩌면

자신도 모르게 투명해지고 있는 것이었다.
나무를 보면 나무가 되고
바위를 보면 바위가 되었다.
방랑 중인 그를 용케 찾아내어
귀가를 간청하는 아들의 눈에조차
그가 다음 순간 안 보이는 것이었다.
청천백일 하에 보이는 것이라곤
나무와 바위와 흐르는 물과
무성한 풀의 적막뿐이었다.

백두산 하늘못

여기서 더 상승할 수는 없다.
이미 하늘 깊숙이 올라와 있으므로.
진화를 위한 태초의 혼돈,
서로 뒤엉킨 뒤죽박죽의
들끓는 몸부림이 마침내 불을 뿜고
폭발하였을 때, 하늘 땅이 갈라졌고
만상은 기적적 질서를 이룩했다.
그 기적적 질서의 하나가 백두산 하늘못.

천상의 하느님 환인桓因께서는
그의 아들 환웅桓雄이 천하에 뜻을 두고
인간 세상을 그리워하매, 이곳 백두산
하늘못 보시고는 고개를 끄덕였다.
널리 인간을 이롭게 할 만한 곳!
하여 천부인天符印 세 개를 주시며
가서 세상 사람을 다스리게 하였거니.
실로 이곳은 우리 배달겨레 근원의 발상지.

왜 한국인은 평생에 한 번쯤은
백두산 오르기를 간절히 원하는가?
천신만고의 자기 극복과 정화 끝에
하늘못 대할 적엔 왜 후들후들 온몸이 떨리는가?

더는 갈 데 없는 영원의 품에 안겨
자신의 진정성을 깨닫기 때문. 이 몸 가지고는
도저히 다다를 수 없으리라 여겼던
성역 한복판에, 생명의 원천에 닿았기 때문.

지상에서는 그 끝이 보이지 않는
아득한 높이, 백두산 정상에
고여 있는 물이라니! 그 물은
너무도 맑고, 깊고, 차서 하늘의 권속만이
근접할 수 있다. 바람, 비, 안개, 구름,
그리고 해와 달과 주먹만 한 별들만이
그 모습을 못물 거울에 비춰볼 수가 있다.
영장靈長인 인간도 그곳에 오래 머물 순 없나니.

하지만 한 번 백두산 하늘못을
뇌리에 각인한 사람은 이제 하산하더라도
영원한 백두산인! 언제 어디서나
백두산에의 외경과 신앙을 잃지 않고
널리 중생을 이롭게 하리. 지상을 하늘 닮게
하려는 노력을 지속해 가리. 아무리 가혹한
좌절 속에서도 그의 의연히 쳐들린 머릿속
거룩한 하늘샘이 마르지 않는 한.

항아리

무슨 흙으로 빚었기에
어느 여인의 살결이 이처럼 고울 수 있으랴
얇은 하늘빛 어린 바탕에
그려진 것은 이슬 머금은 달개비인가
만지면 스러질 듯 아련히 묻어오는
차단한 기운이여

놓이는 자리는 아무 데고
끝인 동시에 시작이 되는
너는 그런 하나의 중심이라
모든 것이 잠잠할 때에도
끊임없이 숨 쉬며 있는

오 항아리
너 그지없이 둥근 것이여
소리 없는 가락의 동결이여
물 위에 뜬
연꽃보다도 가벼우면서
바위보다 무겁게 가라앉는 것

네 살결 밖을 감돌다 사라지는
세월은 한갓 보이지 않는 물무늬인가
항아리 만든 손은 티끌로 돌아가도
불멸의 윤곽을 지닌 너 항시 우러른
그 안은 아무도 헤아릴 길이 없다

히말라야 정상에서

세계의 지붕
신들의 거처
지구의 지성소
히말라야 정상에서
인간은 오래 머물 순 없다

몸과 마음을 더불어 홀랑
벗기 전엔
삶뿐 아니라
죽음도 홀랑 벗기 전엔
텅 비어 있는 투명한 영기靈氣로
환원되기 전엔

죽은 다음에야
비로소 보이는 빛깔이 있음이여
죽은 다음에야
비로소 들리는 소리가 있음이여
죽은 다음에야
비로소 열리는 경지가 있음이여

빛도 아니요 어둠도 아닌 것
있음도 아니요 없음도 아닌 것
늘지도 않고 줄지도 않는 것
깨끗하지도 않고 때 묻지도 않은 것
끝도 아니요 시작도 아닌 것

한마디로 니르바나
무궁무진한 신묘불가사의
적멸위락寂滅爲樂의 경지를 향해
그 유현幽玄의 신비를 향해
그 초절적인 절대를 찾아
그 고요와 안식과 평화 찾아
애타게 간절히 몽매간에도
그리워하는 자
궁극의 절정으로 오르기 원하는 자
오직 인간 말고 달리 있겠는가
천지만물 중에 달리 있겠는가

하여 마침내
감히 도전을 결단하는 자

삶과 죽음 사이
그 까마득한 상승과 추락 사이
수직의 얼음 절벽을 타는 자
불가능을 가능으로 맞바꾸려는 자
뼛골을 파고드는 혹한을 무릅쓰고
죽음을 질겅질겅 씹으면서까지
정신 차리는 자
오직 자기와의 치열한 싸움에서
끝내 이기려는
오르고 오르려는 일념의 화신
나중엔 슬금슬금 귀신도 모르게
조여 오는 탈진과 마비의 고비마저
겨우 무아無我 무위無爲의 몸놀림으로
극복해 내는 자
인간밖에 더 있는가

히말라야 정상에선
인간은 잠시나마 반신반인半身半人 된다
인간정신의 위대한 승리 만세
히말라야 영봉靈峰만세

4

검을 현玄 단장斷章

1

어느 날 우연히
숲 속에서
검을 현자玄字 모양의 소나무를 보았다
그 소나무를 마음속 깊은 곳에
옮겨 심었더니
나는 차츰 달라지기 시작했다
빛도 아니요 어둠도 아닌 것이
처음도 아니요 끝도 아닌 것이
유有도 아니요 무無도 아닌 것이
지금 내 안엔
무궁무진 고여 있다
그 속에서는
억겁의 세월도 일순이고
삼천대천세계도 한낱 티끌이다

2

샛별의 눈을 지닌
묘령의 아가씨가

내 몸에서 그윽한 솔향이 풍긴다고
웃옷을 벗어보라고 한다

그러자 나도 깜짝 놀랐거니
나의 가슴 한복판엔
자획도 선명한
작은 검을 현玄자

   3
내안의 공空
내 안의 무시간無時間이
나를 무한히 자유롭게 만든다

오늘도 나는 좀 늦은 오후에
북한산 한 자락
나목 숲 속으로 산책을 나갔는데

겨울 해는 어느덧
맥없이 지고 말아

멀리 짙은 수묵빛 능선상에

동장대東將臺 누각이
어쩌면 꼭
검을 현玄자 모양이네

   4

아득하면 되리라던
시인 박재삼朴在森이
오랜 병고 끝에 마침내 승천했다
이제 그를 만나는
유일한 방법은
검을 현玄 밤하늘에 눈길을 돌리는 일
그러면 거기 그가
제비꽃내 풍기는 신성新星으로
빛나는 걸 볼 수 있다

백자 큰 항아리

1

한국의 얼을 묻는 이에겐
묵묵히 가리키리,
백자 큰 항아리.

2

그 흰 빛깔은 어디서 나왔을까?
한국 사람들이 즐겨 입는 흰 옷?
혹은 아낙네의 젖가슴에서일까?
혹은 우리 귀여운 갓난아기들의
이쁜 눈 흰자위?
혹은 들의 찔레꽃 빛깔에서?
또는 한국의 창호지에서?
또는 흰 차돌이나 진주에서?
아니면 용의 여의주에서일까?

3

온갖 사물의 빛깔을 삼키는
칠흑의 어둠도

백자의 빛깔은 지울 수 없나니.

지척을 분간 못 할 어둠 속에서도
저만치 홀로 달덩이처럼
둥글게 빛나는 것.

   4

항아리 안에서는
일체의 것이 용해되고 만다.
꽃도, 짐승도, 빌딩도, 수소탄도,
에베레스트도, 북극도, 남극도.

아니 저 항하恒河의 모래만큼
많은 우주가 쏟아진다 하더라도,
항아리 안은
늘지도 않고, 줄지도 않으리라.

항아리 안은
삼라만상의 끝이자 시작인 곳.

항아리 안은
무궁무진한 신비 그 자체.

　　5

도시의 소음과 혼탁에 오염되고,
눈먼 사랑과 미움에 시달려서,
어지러운 국내외의
각종 정보의 홍수에 떠밀려서,
제행무상諸行無常의 허무감에 짓눌려서
기진맥진한 사람은 오라.
다시 삶의 고요한 중심을
찾고자 하는 이는
이곳에 오라.
국립중앙박물관
백자 전시실에.

쇳가루가 자석에 이끌리듯
그대의 발길은
백자 큰 항아리,

그 앞에 멎으리라.

6

항아리처럼 속을 비워야,
삶의 모든 찌꺼기를 말끔히 소화해야,

항아리처럼 시공을 벗어나야,
심신을 더불어 탈락시켜야,

항아리처럼
적멸위락寂滅爲樂해야,

항아리처럼
어둠 속에서도 빛을 뿜어야,

항아리처럼
공중에 둥실 떠야,

그대는 비로소

맑은 눈과 바른 호흡으로 되돌아가리.

유무有無가 상통하는
진공묘유眞空妙有 되리.

항아리와 하나 되어
그대의 안에서도

마침내 우주의 근원적 파동이자
창조의 울림인

오옴, 오옴……
소리가 나리.

탐라의 길

탐라섬은 섬 전체가 휘황한 보석임.
그 안엔 길이 거미줄처럼
종횡무진으로 신나게 뚫려 있음.
그 길은 천변만화의 길임.
설사 같은 길이라 하더라도
달릴 때마다 새롭게 보임.
설사 같은 풍광이라 하더라도
지날 때마다 다르게 보임.
수시로 안개의 애무를 받아
또는 비바람에 말끔히 씻겨
티끌은 도무지 구경할 수도 없음.
무지개 뜨는 공기는 달고
보석가루 같은 햇빛은 눈부심.
어떤 길은 그대로 하늘에 닿아 있음.
어떤 길은 그대로 바다에 닿아 있음.
어떤 길은 그대로 초록의 터널임.
어떤 길은 그대로 안개의 터널임.
문득 조팝꽃내 코를 찌르는 길.
문득 더덕내 골수에 스미는 길.
문득 억새밭길 있는가 하면

환상적인 삼나무 거목길이.
문득 협죽도夾竹桃 길 있는가 하면
개민들레나 찔레꽃 사태 길이.
멀리 한라산은 영원처럼 솟았는데
올망졸망 오름들이 둘레춤 추는 길도,
칠색 띠를 두른 바다에 눈 주며
연거푸 찬탄의 한숨을 쉬는 길도,
구멍 숭숭 뚫린 곰보바위
검은 현무암에 부서지는 파도 길도,
은싸락 같은 달빛이 깔린 길도,
들리는 것이라곤 벌레소리뿐인
칠흑의 밤길도, 동트는 새벽길도,
제주도 휘파람새 휘파람 부는 길도,
여러 번 거듭거듭 누비고 달렸으나
번번이 새로운 감동에 흐느낌.
더구나 가도 가도 끝없이 전개되는
대초원 길을 달릴 때의 후련한
상쾌함이라니! 가슴이 타악
트이는 맛이라니! 특히 해질 무렵
대초원에 자욱이 이내 낄 때,

하늘 땅이 온통 하나로 녹아
푸르스름한 기운으로 충만할 때
누군들 눈물이 솟지 않으리오
그저 살아 있다는 뿌듯한 충일감에.
탐라에는 끊임없이 전신轉身하지 않는
사물이 없음. 하늘도 땅도,
비도 바람도, 대초원도 수많은 오름도,
칠색 바다와 사나운 현무암도
시시각각 달라지는 이유가 거기 있음.
온갖 기화요초, 노루와 조랑말도
족제비도 마찬가지. 이따금 느닷없이
푸드덕 날아가는 꿩도 마찬가지.
모든 사물에 원초적인 혁신의 에너지,
기가 넘쳐흐름. 그 속에 종횡무진
나 있는 길을 누비고 달리는 일,
미끄러지듯 또는 쏜살처럼
신나게 달리는 일
어찌 그 일이 신선놀음 아니리오.
탐라의 길은 천변만화의 길.
끝없이 이어지는 신비와 환상의 길.

청자상감모란운학문靑瓷象嵌牡丹雲鶴文 베개

1

누가 감히
이렇게 고귀한 청자 베개를 벨 수 있으랴?

구중궁궐의, 섬섬옥수의
공주거나
아직 여색을 알지 못하는
별빛 이마의 귀공자가 아니고는,
또는 운학雲鶴과 더불어 노닐 만한
신선이 아니고는.

2

번뇌망상으로
마음이 죽 끓듯 물 끓듯 하는
속인이 그것에 머리를 둔다면
곧 그의 두개골은 깨지고 말리,
석류 터지듯이.

3

하지만 이 청자 베개에 어울리는 사람이
휴식을 청한다면
사정이 달라진다.

모란꽃 무늬 위에 머리를 두어 봐라.

심신이 한없이 유연해지리.
이 세상에서
가장 아름답고
가장 부드러운 비단에 싸인 듯
넋을 잃은 채
모란, 모란, 모란, 모란……
붉고 황홀한 밝음이 되리.
투명한 잠이 되리.
없음과도 같은
천지에 그득한 있음이 되리.
아무것도 바랄 게 없어지리.

운학무늬 위에 머리를 두어 봐라.

순간,
깃털보다 가벼워진 심신은
두둥실 뜨리.
지상의 영욕을 아득히 여읜
백운의 높이에서 비상하는
백학이 되리.
아무것에도 물들 수 없는
고요와 평화의 흰 빛 하나로
어우러진 운학은 벽공을 수놓으리.
벽공엔, 하지만, 아무리 수놓아도
흔적도 안 생기리.

　　4
청자상감모란운학문 베개

그대가 세상에 있게 된 지도
이미 팔백 년의 세월이 흘렀거니,

두 개의 왕조가 부침하는 사이
그대는 어디를 떠돌아다녔는가?
땅 속 깊숙이 파묻혀 있었던가?
그 몇 사람이나 그대를 베었던가?
하지만, 지금은, 국립중앙박물관
유리 상자 안에 밀폐된 그대.

완벽한 아름다움,
그것과 더불어 속인은 살 수 없다.
이만치 떨어져서,
그저, 잠시, 넋 잃고 바라보다
떠나면 되나니.

청자동자상 靑磁童子像 이모저모

1

입 지름 8센티의 청자 술잔 속에
혼자 노는 아이,
오른손은 연꽃송이
왼손은 버들가지 들고 걷고 있소.
아이는 도무지 싫증을 모르오.
신이 날 뿐이라오.

술잔 둘레 밖의
세월은 이미 팔백 년이 흘렀건만,
잔에 입 대었던 고귀한 입술들은
이미 티끌로 사윈 지 오래건만.

과거와 미래가 더불어 탈락한
절대현재 속에
아이는 지금도 처음 그대로 걷고 있소.
더는 젊을 수도 늙을 수도 없다오.
오직 새롭게 나날이 이어지는
청잣빛 즐거움,
지금의 마음.

2

아침 햇살 받자
연잎의 이슬
엄지만한 비췻빛 옥동자로 둔갑하다.
못 속으로 사뿐히 뛰어들어
자맥질하다.
(못물이 그렇게 더러운 줄 몰랐었지)
간신히 연꽃 줄기를 타고
연잎으로 기어나와
이슬로 목욕하다.
다시 처음의 비췻빛 옥동자로 되돌아가다.
연꽃 속에서 한잠 늘어지게 자고 났더니,
심신이 날아갈 듯 가벼워지다.
이윽고 옥동자는
연꽃 봉오리 줄기를 부여안고
볼을 갖다 대다 연꽃 봉오리에.
우리는 같다고,
우리는 하나라고.

3

포도밭은 청잣빛 아이들의 놀이터.
포도는 주렁주렁 탐스럽게 열렸건만
아이들은 포도를 탐내지는 않는다.
덩굴에서 덩굴로
줄기를 잡고
미끄럼 타기,
대롱대롱 매달리기,
가볍게 건너뛰기,
어정어정 거닐기,
어느 새털이 그처럼 가벼우랴.
어느 다람쥐가 그처럼 날렵하랴.
신출귀몰의 청잣빛 아이들.

그들은 무한의 생명을 지니다.
세상에 바람과 이슬이 있는 한,
세상에 햇빛과 달빛이 있는 한,
세상에 도무지 시들 줄 모르는
청잣빛 포도밭의 포도가 있는 한.

4

덩굴풀 가지에 걸터앉은 채
하마 팔백 년의 세월이 흘렀건만,
엄지만한 청잣빛 알몸 동자 하나
눈 감고 있다, 무심하고도 행복한 표정으로.

하긴 떨어질세라 두 손으로
줄기를 부여잡고 있기는 하나,
(아직 눈 뜨자면 이백 년이 더 흘러야 하는 모양)
동자에겐 천 년이 눈 깜빡하는 사이.

하늘과 땅이 낼 수 있는
어떠한 폭음, 어떠한 참변도
동자의 고요와 평화를 깰 순 없다.

이 엄지만한 청잣빛 동자의
그 무구한 알몸이 그대로
우주의 한 중심인 까닭이다.

산화가散花歌
  — 부처님 오신 날에

진달래를 뿌립니다.
양심꽃을 뿌립니다.
평지에 풍파를 일으키는 사람들,
허깨비의 성城을 쌓고
황금 송아지의 우상을 떠받드는
눈먼 무리들의 눈에서 티를
가시게 하옵소서.

목련을 뿌립니다.
목숨꽃을 뿌립니다.
옛날 신라 때 해가 둘 나타난 걸
산화散花 공덕 지어 물리친 월명사月明師여.
당신을 본받아 오늘은 뿌립니다.
모란을 뿌립니다. 눈물꽃을 뿌립니다.
장미를 뿌립니다. 사랑꽃을 뿌립니다.

등꽃을 뿌립니다.
오동꽃을 뿌립니다.
하루아침 깨어 보니
어둠은 간데없고 평화를 이룩해서

오대양 육대주가 손에 손을 잡게.
지구는 부처님 손바닥 위의
한 송이 연꽃 되게.

연꽃을 뿌립니다.
연꽃을 뿌립니다.
그 싱그러운 그윽한 향기
삼천대천세계에 퍼지면
지구를 중심으로
뭇 별들은 둘레춤 추리.
뭇 별들은 둘레춤 추리.

소광리 소나무 숲

땅은 옥토이고 하늘은 벽공이다.
그 사이를 기어코 연결하려는 듯
곧장 하늘로 죽죽 뻗은 소나무들
수십, 수백, 수천을 헤아린다.

해는 눈부시고 따스한 햇살은
솔잎들을 칠칠히 윤내는 백금가루.
굽이굽이 냇물은 땅속에 스며들어
솔뿌리들의 목마름을 달래준다.

소나무들 안에서 지기地氣와 천기天氣는
하나로 녹아 소나무 독특한
기운을 뿜어낸다. 솔향기라기보다
그것은 차라리 거룩한 영기靈氣다.

지금 이곳을 가득히 메운 기운,
바람도 없는데 떠도는 기운,
그 불가사의한 영기를 마시면
인간은 차츰 탈속하게 된다.

순수무구한 영성적 차원의
본래 성품을 되찾게 된다.
소나무와 인간은 둘이 아니란 것,
인간을 포함한 삼라만상은

본질에 있어서 한 덩어리라는 것,
원융무애의 친화와 조화를
이루어야 마땅함을 깨닫게 된다.
소나무는 인간의 위대한 스승이다.

오백 년 묵은 왕소나무 한 그루,
거기서 이렇듯 많은 자손들이 퍼져 나왔을까.
이곳은 성역이다. 소나무 왕국 만세.
정통의 소나무, 허리 꼿꼿한 금강송 만세.

청동시대

스스로에 눈뜨려는
겁초劫初의 사나이,
네 것 아닌 아무것도 네게는 없음이여,
알몸의 아름다움.

돌의 어둠
에서 존재의 밝음 속에
지금 너를 이렇게 있게 하기 위하여
로댕은 사십 년을
무명의 인내 속에 살아야 했었거니.
아니 그에게 시간은 없었다
저 자연처럼, 생성의 손,
일이 전부였다.

그가 보자 있는 것은
마치 영겁의 옛날부터이듯
그렇게 지금,
끝이자 시작인 지점에 자리하여
그 안의 혼인 부드러움 그 물건이
빛뿜는 살붙임, 무수한 면面으로

부풀어 올라 드러나 보였거니,
숨쉬는 고요 속에 각각刻刻으로
새로워지는 모습, 생명의 운동으로.

집중의 기쁨이여
바야흐로 스스로에 눈뜨려는 사나이,
꽃 피기 직전의 꽃봉오리 속과 같이
무량 생성의 굴레를 돌고 도는
대지의 자양은 이제 네 안의 세포 알알이
노래하는 혈액으로 익어서 터질 때를 기다릴 따름이니,
네가 눈뜨면
새로이 빛뿜는 공간이 열리리라.
네가 걸어가면
시간은 남루처럼 탈락해 버리고,
네가 입을 열면
고요는 열매처럼 익어서 떨어지고.

강송剛松 찬미

강송의 뿌리는 구천에 닿아 있다.
　　　그렇게 되기까지 장애는 많았지만
　　　바위도 무쇠도 그의 뻗어 내리려는
　　　불굴의 의지, 그러면서도
　　　더없이 유연하고 참을성 있는
　　　촉수에는 맥없이 꿰뚫린다.
강송의 줄기는 곧장 뻗고 자라
　　　천상에 닿아 있다.
　　　오로지 상승일념의 무한지속.
　　　옆으로 이리저리 희희낙락하며
　　　멋대로 뻗는 것은 가지가 있을 뿐.
강송의 가지는 헤아릴 수도 없이
　　　많은 솔잎들을 달고 있다.
　　　햇살의 은싸락 금싸락에 씻겨서
　　　더욱 예리해진 바늘 끝들은
　　　일제히 벽공의 속살을 찌른다.
　　　보이지 않는 감로를 빨아들여
　　　의기양양하다. 더욱 칠칠하고
　　　낏낏해진다.

강송이 땅에서 끌어올린 지기地氣와
      하늘에서 끌어내린 천기天氣는 이제
      강송 안에서 하나로 뒤섞인다.
      비교를 불허하는 강력한 소화력.
      강송은 황금의 내장을 갖고 있다.
      하여 마침내 소나무 특유의
      기운을 창출한다.
강송이 온몸으로 발산하는 기운,
      진한 체취랄까 강렬한 향기,
      그것은 차라리 영기靈氣인 것이다.
      신묘불가사의한 치유력 지닌.
      용기를 잃고 삶에 지친 이들,
      울적한 사람들은 이곳에 오라.
      이 놀라운 강송들이 수도 없이
      용립해 있는 이곳, 기적의 숲으로.
강송의 숲에서는 일체 잡념을
      버려야 한다. 오직 자연에의
      외경 하나로 마음을 채우도록.
      강송을 본떠 허리를 편 다음
      가슴을 열고 심호흡해야 한다.

뿌리를 깊숙이 대지에 내렸기에
확고부동한 긍정의 자세와
찬미의 정성을 배워야 한다.
온갖 협잡의 유혹을 물리치고
상승일념의 집중과 지속력,
그 드높은 기개의 도덕성도.
강송은 각기 자기추구에 치열할 따름으로
서로 시샘하거나 다투는 일이 없다.
주어진 조건, 운명을 수용하고
그걸 묵묵히 사명으로 바꾼다.
서로 적당히 떨어져 있으면서
실은 화기애애한 친화력 속에 있다.
강송은 지금 이곳에 있지만
무시무종의 영겁을 살고 있다.
시시각각으로 미완성이면서도
완성인 삶. 강송에게 있어
강송 아닌 것은 추호도 없다.
나날이 새롭고 나날이 흡족하다.
있음이 그대로 기도요 찬미다.
강송은 완벽한 삶의 본보기다.

5

쌍계사 가는 길

섬진강 맑은 봄물이 흐르매
기슭의 보리밭은 파아란 융단 되고
그 위로 휘드러진 벚나무 벚꽃들은
송이송이 극락의 황홀을 이루었네.

화계장에서 쌍계사까지 십 리 벚꽃 길을
혼자서 걷고 싶어 서울서 찾아온 나,
원 풀고 한 풀 듯이 걷고 있는 지금,
바람에 지고 있는 꽃잎 따라 눈에선 눈물이 지네.

꽃이여, 벚꽃이여. 만개한 꽃무더기,
가도가도 새롭게 다가오는 아름다움,
꽃터널, 꽃구름, 꽃바람, 꽃무지개……

이 꽃길을 차 타고 과속으로 지나는 사람들아,
그렇게 바삐들 서두르지 말게나. 그건 차바퀴로
무상 속 영원을 유린하는 격이라네.

스핑크스의 말

머나먼 극동에서 찾아온 친구야.
거기 좀 멈추어서 나를 보아라.
바로 내 등 뒤에 카프라 왕의
피라미드 보일 걸세.
나는 그 수호신이란 것이 짐작될 터이지.
자 이젠 가까이 와 보게나.
얼굴은 사람이요 몸집은 사자.
하나의 바위산을 통째로 파서
만들어 낸 것, 그것이 나 스핑크스일세.
높이 20미터,
전체 길이는 73미터야.
얼굴만도 약 5미터는 되지.
부릅뜬 두 눈은 아직 무사하네만
코는 온통 떨어져 나갔어.
한때 철없는 야만의 패거리가
나를 포격연습의 표적으로 삼았거든.
반만년 역사가 흐르는 동안
나는 눈 한번 깜빡 안 했네만,
바람에 날아온 사막의 모래들로
여러 번 목까지 파묻혔었지.

하지만 번번이 수복작업 이루어져
훼손된 채로나마 이렇듯 건재하네.
그렇다, 앞으로도
내 눈이 모래알로 덮이지 않는 한
나는 계속 영원을 응시할 것일세.
침묵의 사자후로
듣는 이들 심혼을 뒤흔들 것일세.

파르테논 신전

지혜와 전쟁의 여신,
아테나는 어느 날
투구를 쓰고 창과 방패 든 채
아버지 제우스
의 이마 깨고 태어났다.

오오 그처럼
벽공의 안 보이는
심오부 깨고
홀연 지상으로 떨어져 박혔는가
순수 무구한 백대리석 기둥들……
하늘의 푸르름과
대리석 순백이 그렇게 잘 어울릴 수가 없다.
파르테논, 파르테논 신전의 위용.

불멸의 도시, 아테네에서도
최고의 명당, 아크로폴리스에
위풍당당히 군림하고 있음이여.
하늘의 광휘와 청정한 고요를
한껏 부단히 숨 쉬고 있음이여.

하지만 그것은 인간의 손으로 만들어진 것.
천재 조각가 피디아스 개인의 힘만이 아닌
그리스인 전체의 예지와 미의식과
염원을 기울여서.

실로 그리스는 유럽문화의 발상지이자
그 개화 결실의 한 극점을 이루었으니,
혼미와 위기를 겪을 때마다
인류는 경건히 그곳으로 회귀해서
참 인간의 자유란 무엇인가,
신인묘합神人妙合의 경지가 낳은
미美의 척도와 전범이란 무엇인가,
하며 거듭거듭 배워야 할 줄 안다.

오늘 나 극동의 외로운 나그네는
파르테논 신전을 한 바퀴 도는 데만
이천 수백 년의 시간이 걸린 듯
시종 후들후들 떨고 있었거니.
파르테논 신전이란 무엇인가.
그것은 이미 엄청 훼손되어

지붕도 날아갔고,
그 안에 모셨던 아테네의 수호신,
금빛 휘황했던 여신도 사라졌고,
폐허나 다름없는 역사의 상처건만
겨우 기둥들만 즐비해 있건만
이 시시각각 압도해 오는 장중한 아름다움,
하늘의 푸르름과 대리석 순백의 기막힌 조화,
가슴 떨리는 감명은 무엇인가.

고야 '옷 벗은 마하'
― 프라도 미술관에서

'옷 벗은 마하'와 '옷 입은 마하'
두 걸작이 나란히 걸려 있다.
그런 경우 '옷 입은 마하'는
약간 손해를 볼 수밖에.
관객의 시선은 아무래도
'옷 벗은 마하' 쪽에 쏠리기 때문.

두 팔을 머리 뒤에다 두고
알몸을 아낌없이 드러낸 마하.
아랫배 아래 사타구니 사이로는
치모도 보이고 배꼽이 예쁘다.
불룩한 젖가슴 언저리에는
희다 못해 엷은 푸르스름 떠도누나.

복사빛 볼에 앵두빛 입술 지닌
아리따운 여인이여, 고혹적 눈을 뜬 채
당신은 지금 무슨 생각에 잠겨 있는가?
「그건 나도 몰라요. 그런 우문은
이 몸을 부드럽게 받쳐주고 있는
침대의 시트에게나 물어보시라구요」

플라멩코

어딘가 루치아노 파바로티 비슷한
거구의 테너 가수
마이크 앞에 서니
우렁찬 소리 만당을 제압한다.

옆에서 기타 치는 잘생긴 청년도
그 소리의 폭포수 앞엔
주눅이 들 수밖에
겨우 하얀 손놀림만 보인다.

다만 더욱더 신나는 것은
진홍빛 옷차림의 집시 아가씨
널빤지 깐 바닥을 구둣발로
탁 탁 탁 칠수록 힘은 발바닥에서

솟구쳐 올라 온몸의 세포 알알이 스미누나.
신축자재로운 그녀의 몸놀림,
사지가 제멋대로 노는 듯하면서도
박자에 맞지 않는 동작은 없다.

저 끓고 타는 그녀의 눈빛 보라.
그녀의 황홀한 춤사위에 도취하여
궤도를 일탈하고 이곳에 내려온
그것은 별이다. 빛 뿜는 별이다.

삶의 애환, 열정, 꿈, 팽팽한 긴장,
그것들이 쌓였다가 터져 나올 땐
으레 노래요 춤으로 되는 것이
집시의 생활방식, 사랑과 자유.

이제 그녀의 진홍빛 옷은
그대로 활활 타오르는 불길이다.
구둣발로 탁 탁 탁 바닥을 치자
그녀는 불길에서 새롭게 태어난 미의 여신.

황산송 黃山頌

황산의 기암, 기송, 구름바다는
천생연분이다. 삼위일체다.
하나라도 빠지면 균형이 무너지고
조화가 깨진다. 소나무가 결여되면
황산은 털 뽑힌 봉황새 될 터.
기암이 빠지면 황산은 존립의
근거를 잃는다. 구름바다 없이는
황산은 메말라 뻣뻣해지리.

도처에 기암, 괴석, 거암이 모였기에
황산의 호연지기 하늘을 찌르고
해와 달 별들을 가지고 노나니.
은하수를 삼켰다가 토하면 바로
폭포수 되고, 뜨는 해 잡아
서쪽으로 던지면 지는 해 되고,
밝은 보름달 중천에 솟아 등불이 되면
즈믄 암봉들 고요에 침잠한다.

기암과 기송의 연분은 각별하다.
소나무 있기에 바위가 있는 건지

바위가 있기에 소나무 있는 건지
기송 안 거느린 기암은 없나니.
어떤 기암은 머리 위 정수리에
한 그루 기송을, 어떤 기암은
겨드랑이나 옆구리에도 또는 발치에라도
멋이 뚝뚝 떨어지는 소나무 거느린다.

딱딱하게 경직된 것과 유연한 것은
서로 짝을 이루어야 상호보완의
완미完美를 이룬다. 구름이나 안개는
제멋대로 떠도는 방랑자 같아도
실은 그 뿌리는 바위에 있나니.
암봉도 소나무도 지천인 황산은
때문에 안개의 고향일 수밖에 없다.
황산의 기암, 기송, 구름바다 만만세.

부다가야 대탑 大塔

대탑 둘레에 중 소탑은 몇 개인지,
탑면 감실 안에 불상은 몇 개인지,
아무도 헤아릴 재간이 없다.
항하의 모래만큼 많다고나 할까.
푸른 나무 그늘에선 젊은 남자가
오체투지의 수없는 되풀이로
예불을 일삼는 모습도 보인다.
대탑 둘레를 맨발로 걷노라면
발바닥엔 온통 금가루 투성이.
이곳엔 천상에서 수시로 안 보이는
꽃비가 내리지만, 땅에 닿으면
꽃비는 금가루로 둔갑하기 때문.
부처님이 위없는 깨달음을 이룩한 곳,
금강보좌에 이르러서야
거기 부처님은 안 계신 걸 알겠구나.
누구든지 자기 안의 비인 마음자리,
거기 엄연히 부처님은 계시건만,
보리수 아래 금강보좌에나 계신 줄 알다니.
법의 수레바퀴 따라서 가면 된다.
그러면 그대는 가는 곳마다 봄을 만나리라.

가는 곳마다 발바닥엔 찬란한
금가루가 묻으리라. 가는 곳마다
하늘에선 안 보이는 꽃비가 내리리라.

한 방울의 만남

늘 제자리를 맴돌 밖엔 없던
하나의 새까만 점이었다가,
불꽃 튕기는 원을 그리면서
지구를 돌아
나는 다시 점으로, 제자리에 돌아왔다.

달라진 것이라곤
글쎄, 내 뇌세포를 살펴봐야 되겠지만
어쩐지 한 꺼풀 벗은 것 같은 느낌.
사물을 대하는 눈의 투시도透視度가
좀 더 깊어졌으면 좋으련만.

몽파르나스에서 한국화가,
김창렬金昌烈의 물방울을 보아서일까,
온 우주가 때로는 한 방울
영롱한 이슬 속에
흔적도 없이 용해되고 마는 것은.

노트르담도 웨스트민스터도
성 베드로 대성전도 녹는구나 한 방울 이슬 속에

동양의 사원들도 미륵보살반가상도
나무도 바위도 사자도 원자탄도
별·구름·똥·흑·백·황인종도.

나의 정신이 그것을 통해야 집중이 되는
언어가 나의 조국, 이 몸이 세계의
중심이 될 수 있는 그곳이 나의 자리,
동서고금이, 이리하여, 내 안에서
만나서 한 방울 이슬로 승화된다.

돔의 미학

터키 모스크의 매력은 바로
돔에 있나니.
건물의 지붕이 반원의 돔을 이루고 있음은
건물 안에 하늘을 모시고 싶어서다.
건물 안에서도 하늘을 잊지 않고
하늘을 우러르며
하늘의 심오부와 직통하기 위해서다.
그 끝 모를 깊이와 넓이,
부드러움을 실감하기 위해서다.
하늘의 신비, 하늘의 푸르름,
티끌 하나 없는 하늘의 청정,
순수무구함을 본뜨기 위해서다.
사람이 저마다 하늘 닮을진대
침묵 속에서도 만사형통이리.
아무리 서로 상대방 안에
들어간다 하더라도
티격태격해야 할 까닭이 없으므로.
사랑과 자유가 둘이 아님을
깨닫게 되고
맑고 향기롭게 미소 지을 따름이리.

박희진

연보

1931년 경기도 연천에서 아버지 박염하朴濂夏와 어머니 이군자李君子의 7남매 중 셋째 아들로 태어나다. 초등학교 1학년 때 서울로 전학하다. 1955년 보성중학교(6년제)를 거쳐 고려대학교 영문학과를 졸업하다. 보성중학교 고학년 때부터 성찬경成贊慶, 서기원徐基源과 친교를 맺다. 이 해에 이한직李漢稷, 조지훈趙芝薰의 추천으로 ≪문학예술≫ 지를 통해 문단에 나오다.

1959년 라빈드라나드 타고르의 시집 『기탄잘리』를 번역하여 양문문고에서 간행하다.

1960년 첫 시집 『실내악』(사상계사)을 5백 부 한정판으로 간행하다. 이 해에 동성중고등학교 영어교사로 취임하여 이후 1983년까지 23년간 근속하다.

1961년 1967년까지 총 12집이 나온 시동인지 『육십년대사화집六十年代詞華集』을 주재하다.

1965년 제2시집 『청동시대』(모음출판사)를 간행하다. 그 기념으로 신문회관 강당에서 '박희진 자작시 낭독의 밤'을 열다.

1968년 신문회관 화랑에서 '박희진 시미전詩美展'을 열다.

1970년 제3시집 『미소하는 침묵』(현대문학사)을 간행하다. 이 해 4월 명동의 카페 떼아뜨르에서 '박희진·성찬경 2인 시낭독회'를 열다.

1975년 미국 아이오와대학교 국제창작계획 과정을 마친 다음 프랑스, 영국, 이탈리아, 일본을 순방하고 이듬해에 귀국하다.

1976년 제4시집 『빛과 어둠의 사이』(조광출판사)를 간행하다. 이 시집으로 제11회 월탄문학상을 받다.

1979년 4월 구상·성찬경과 함께 '공간 시낭독회'를 창립하여 오늘날까지 상임시인으로 참여해 오다. 제5시집 『서울의 하늘 아래』(문학예술사)를 간행하다.

1982년 제6시집 『사행시 134편』(삼일당), 제7시집 『가슴 속의 시냇물』(홍성사)을 간행하다.

1985년 제8시집 『라일락 속의 연인들』(정음사), 제9시집 『아이오와에서 꿈에』(오상사), 제10시집 『시인아 너는 선지자 되라』(민족문화사)를 간행하다.

1986년 시선집 『꿈꾸는 빛바다』(고려원)를 간행하다.

1987년 시선집 『바다 만세 바다』(문학사상사)를 간행하다.

1988년 제11시집 『산화가散花歌』(불일출판사)를 간행하다. 현대시학 작품상을 받다.

1990년 제12시집 『북한산 진달래』(산방), 수필집 『투명한 기쁨』(산방)을 간행하다

1991년 제13시집 『4행시 3백수』(토방), 시선집 『한 방울의 만남』(미래사), 시화집 『소나무에 관하여(시·박희진/그림·이호중)』(다스림), 수필집 『서울의 로빈손 크루소)』(책세상)를 간행하다.
한국시인협회상을 받다.

1993년 제14시집 『연꽃 속의 부처님』(만다라)을 간행하다.

1995년 제15시집 『몰운대의 소나무』(시와시학)를 간행하다.

1997년 제16시집 『1행시 7백수』(예문관), 제17시집 『문화재, 아아 우리 문화재』(효형출판), 시화집 『삽시간에 붙잡힌 한라산의 황홀(시·박희진/사진·김영갑)』(하날오름)을 간행하다.

1999년 제18시집 『백사백경百寺百景』(불광출판부), 제19시집 『화랑연가花郞戀歌』(수문출판사), 제20시집 『동강 12경』(수문출판사)을 간행하다.
보관문화훈장을 받다.

2000년 제21시집 『하늘·땅·사람』(수문출판사)을 간행하다.
상화시인상을 받다.

2001년 제22시집 『박희진 세계기행시집』(시와진실)을 간행하다.

2002년 제23시집 『4행시 4백수』(시와진실)를 간행하다.

2003년 제24시집 『1행시 960수와 17자시 730수·기타』(시와진실)를 간행하다.

2004년 제25시집 『꿈꾸는 탐라섬』(시와 진실)을 간행하다.
시전집 『초기시집』(시와진실)을 간행하다.

2005년 제26시집 『소나무 만다라』(시와 진실)를 간행하다.
시전집 『중기시집』, 『후기시집Ⅰ』, 『후기시집Ⅱ』(시와진실)를 간행하다.

2006년 제27시집 『섬들은 외롭지 않다』(시와진실), 제28시집 『이승에서 영원을 사는 섬들』(시와진실)을 간행하다.

2007년 제29시집 『이집트 그리스 시편』, 제30시집 『포르투갈 모로코 스페인 시편』, 제31시집 『중국 터키 시편』을 (시와진실)에서 간행하다.
도봉문학상을 받다. 예술원회원이 되다.

2008년 시선집 『미래의 시인에게』(우리글)를 간행하다.

2009년 자랑스러운 보성인상을 받다.

2010년 제32시집 『산·폭포·정자·소나무』(뿌리깊은나무)를 간행하다.

2011년 제33시집 『까치와 시인』(뿌리깊은나무)을 간행하다.
펜문학상을 받다.

2012년 제34시집 『4행시와 17자시』(서정시학).
수필집 『소나무 수필집』(황금마루)을 간행하다.
제1회 녹색문학상을 받다.

〚한국대표명시선100〛을 펴내며

한국 현대시 100년의 금자탑은 장엄하다. 오랜 역사와 더불어 꽃피워온 얼·말·글의 새벽을 열었고 외세의 침략으로 역경과 수난 속에서도 모국어의 활화산은 더욱 불길을 뿜어 세계문학 속에 한국시의 참모습을 드러내게 되었다.

이 나라는 글의 나라였고 이 겨레는 시의 겨레였다. 글로 사직을 지키고 시로 살림하며 노래로 산과 물을 감싸왔다. 오늘 높아져 가는 겨레의 위상과 자존의 바탕에도 모국어의 위대한 용암이 들끓고 있음이다.

이제 우리는 이 땅의 시인들이 척박한 시대를 피땀으로 경작해온 풍성한 시의 수확을 먼 미래의 자손들에게까지 누리고 살 양식으로 공급하는 곳간을 여는 일에 나서야 할 때임을 깨닫고 서두르는 것이다.

일찍이 만해는 「님의 침묵」으로 빼앗긴 나라를 되찾고 잃어가는 민족정신을 일으켜 세우는 밑거름으로 삼았으며 그 기름의 뜻은 높은 뫼로 솟아오르고 너른 바다로 뻗어 나가고 있다.

만해가 시를 최초로 활자화한 것은 옥중시 「무궁화를 심고자」(≪개벽≫ 27호 1922. 9)였다. 만해사상실천선양회는 그 아흔 돌을 맞아 만해의 시정신을 기리는 일의 하나로 '한국대표명시선100'을 펴내게 된 것이다.

이로써 시인들은 더욱 붓을 가다듬어 후세에 길이 남을 명편들을 낳는 일에 나서게 될 것이고, 이 겨레는 이 크나큰 모국어의 축복을 길이 가슴에 새겨나갈 것이다.

― 만해사상실천선양회 ―

한국대표명시선100 | 박 희 진

항아리

1판1쇄 인쇄 2013년 7월 15일
1판1쇄 발행 2013년 7월 19일

지 은 이 박희진
뽑 은 이 만해사상실천선양회
펴 낸 이 이창섭
펴 낸 곳 시인생각
등 록 번 호 제2012-000007호(2012.7.6)
주   소 경기도 양평군 옥천면 고읍로 164
          ㉾476-832
전   화 (031)955-4961
팩   스 (031)955-4960
홈 페 이 지 http://www.dhmunhak.com
이 메 일 lkb4000@hanmail.net

값 6,000원

ⓒ 박희진, 2013

ISBN 978-89-98047-63-4 03810

* 저자와의 협의에 의하여 인지를 생략합니다.
* 이 책의 저작권은 저자와 시인생각에 있습니다.
* 잘못된 책은 책을 구입하신 서점에서 교환하여 드립니다.

※ 이 책은 만해사상실천선양회의 지원으로 간행되었습니다.